Petit Glossaire des thèmes d'iconographie chrétienne

2
Au-delà. Personnages saints, illustres ou légendaires.
Animaux réels ou mythiques.
Vie de l'Église, Cérémonies,
Objets et Symboles.

2013
© Amis des églises anciennes des Landes
5, rue du Palais, 40100 Dax

JEAN CABANOT

Petit Glossaire des thèmes d'iconographie chrétienne

2

Illustration de la couverture :
Album de Villard de Honnecourt, fol. 13 v°. Descente de croix. – Lion et bœuf ailés, symboles des évangélistes saint Marc et saint Luc

Crédit photographique :

– *Album de Villard de Honnecourt*, Bibliothèque nationale de France, ms. fr. 19.903 (Ed. Cathala frères, Paris, 1927) : Couverture, p. 30-31, 52.
Inventaire général Aquitaine, S.P.A.D.E.M., Clichés MM. Chabot et Dubau : p. 29, 32.
– Jean Cabanot : p. 9, 10, 19, 20, 41, 42, 51.

AVANT-PROPOS

Cette brochure forme la seconde partie d'un petit ouvrage destiné à faciliter à un public aussi large que possible la compréhension des nombreuses images inspirées de la tradition chrétienne qui peuplent les églises et les musées.

Après une première partie consacrée aux thèmes puisés dans la Bible – Ancien et Nouveau Testament –, il évoque les personnages, les animaux, les objets et les symboles qui font l'objet de la réflexion ou de la pratique des Églises chrétiennes.

IV. L'AU-DELÀ

DIEU[1] n.pr.m. : Le Dieu unique des *Juifs* et des *chrétiens* a été désigné selon les époques ou les auteurs de la *Bible* des noms d'**Élohim** (pluriel du nom de la divinité), d'**Adonaï** (le « *Seigneur* »), et surtout de YHVH, transcrit **Yahvé** (nom propre signifiant : « Je suis »).
Alors que les Juifs, et plus tard les Musulmans, ont toujours résolument refusé de représenter Dieu par des images, les *chrétiens*, qui ont reconnu en lui trois Personnes – la *Trinité* –, ne l'ont que rarement évoqué par des symboles – la *Main divine*, le *Triangle équilatéral* et le nom hébreu de *Yahvé* ; après un long temps d'hésitations et de débats, ils se sont résolus à en proposer des figurations, le plus souvent sous la forme de personnes humaines masculines plus abstraites et symboliques en Orient, sans cesse plus matérielles et « réalistes » en Occident.
Le nom de **Seigneur** réservé à Dieu dans l'*Ancien Testament*, a, dès les premiers temps *chrétien*s, été également attribué à *Jésus*.

MAIN DIVINE Dans certaines figurations, la présence, et surtout la force agissante de *Dieu* sont évoquées par une main de grandes dimensions, sortant d'un nuage symbolisant le *ciel*, où est censée résider la divinité.

TRINITÉ n.f. : Pour les *chrétiens*, le *Dieu* de la *Bible*, tout en demeurant unique, est l'union de trois Personnes en tout égales et également éternelles, le **Père**, le **Fils**, qui s'est incarné en *Jésus*, l'**Esprit Saint.**
Les figurations, en particulier tardives, évoquent l'éternité du *Père* en le

---

1. La liste des thèmes expliqués est donnée dans un index alphabétique placé à la fin de l'ouvrage.

représentant comme un vieillard, tenant parfois le globe du monde dans sa main ; le *Fils* apparaît sous les traits de *Jésus* ; l'*Esprit* prend la forme d'une *colombe*, comme dans le *Baptême de Jésus,* plus rarement celle de langues de feu comme lors de la *Pentecôte.*

TRIANGLE ÉQUILATÉRAL

Figure unique composée de trois côtés égaux, il a été utilisé comme un symbole de la *Trinité* ; les lettres hébraïques du nom de *Yahvé* sont parfois inscrites à l'intérieur ; la présence d'un œil est beaucoup plus tardive.

LE TRÔNE DE DIEU et LES VINGT-QUATRE VIEILLARDS

Dans une des visions de *Jean* rapportées dans l'*Apocalypse*, *Dieu* apparaît dans le ciel, tenant dans sa main un livre scellé de sept sceaux ; enveloppé dans une *gloire* aux reflets d'émeraude, il siège sur un trône d'où sortent des éclairs, des voix et les grondements du tonnerre ; il est entouré des quatre animaux figurant les *Évangélistes*, et de 24 vieillards couronnés d'or et eux aussi assis sur des trônes : les animaux chantent sans cesse la gloire de *Dieu* et les vieillards se prosternent et jettent leurs couronnes devant le trône (Ap 4.1-11).

CHRIST EN MAJESTÉ, MAJESTAS DOMINI

Cette figuration est une réduction et une adaptation de la précédente : c'est ici le *Christ* qui est représenté assis sur le trône, entre les *Quatre Vivants* symbolisant les *Évangélistes* : bénissant de la main droite, il tient dans la gauche le Livre de la Parole. Apparue durant le haut Moyen Age, et particulièrement fréquente à l'époque romane et au début de l'époque gothique, cette vision de gloire laissera ensuite souvent la place au thème du *Jugement* dernier, qui en élargit et en modifie profondément la signification.

PANTOGRATOR *n.m.* : Ce terme grec signifiant « tout-puissant » désigne une grande image peinte sur la coupole des *églises* byzantines, puis parfois occidentales : le *Christ, Fils de Dieu*, y est représenté en buste, dans une attitude solennelle et hiératique.

ANGE *n.m.* : « Messagers » de Dieu comme l'indique leur nom grec *(aggelos)*, ou plus généralement appelés à remplir diverses fonctions au service de *Dieu* – celles d'adorateur, de guerrier, de justicier, de protecteur des hommes –, les anges, apparus dans certains livres de l'*Ancien Testament*, ont occupé une place importante dans le *Nouveau Testament*, et par la suite dans la foi *chrétienne* et la piété en particulier populaire.

La réflexion théologique, amorcée dès *saint Paul* et développée au cours du Moyen Âge, a distingué parmi les anges neuf ordres correspondant à des spécialités et même à une hiérarchie : **Séraphin**s et **Chérubin**s se tiennent autour du *Trône de Dieu* ; **Trônes**, **Dominations**, **Vertus**, **Puissances** et **Principautés** remplissent diverses fonctions dans le service divin ; les **Archange**s, dont les plus célèbres sont *Michel, Gabriel, Raphaël,* sont des messagers et des guerriers ; enfin, les *Ange*s proprement dits forment le degré inférieur de la hiérarchie.

Bien que la théologie présente tous ces ordres comme des esprits immatériels, ils ont été représentés sous des formes humaines relativement diverses : généralement dotés d'ailes pour évoquer la soudaineté de leurs déplacements, ils peuvent tenir des banderoles portant des inscriptions – les **phylactère**s, – ou des instruments de musique avec lesquels ils s'accompagnent, pour évoquer leurs chants célestes.

Ci-contre :
*Toulouse,
Saint-Sernin.
Christ en
majesté.*

Page suivante :
*Toulouse,
Saint-Sernin.
Séraphin*

DÉMONS   *n.m.* ou **DIABLES** *n.m.* : *Anges* révoltés contre *Dieu*, et qui, selon l'*Apocalypse*, furent vaincus par *Michel* et ses *anges* fidèles, et précipités par eux en *Enfer* (Ap 12.7-9). Nom propre désignant *Satan*. Le rôle des démons est d'entraîner l'homme au Mal, puis de le châtier dans leur royaume de l'*Enfer*.

SATAN   *n.pr.m.* : Souvent désigné sous des noms différents – Belzebuth, Lucifer, le «*Démon*», le «*Diable*», etc. – et sous des formes diverses – serpent, bouc, homme au masque hideux et cornu, etc. –, Satan est le prince des *Démons*. Son rôle de tentateur, rapporté dès le premier livre de la *Bible* dans le récit du *Péché originel* (Gn 3.1-5), ne cessera de se manifester tout au long de l'*Ancien* et du *Nouveau Testament*.

JUGEMENT DERNIER   L'idée d'un jugement des hommes par *Dieu* à la fin des temps, apparue dans l'*Ancien Testament* (Ps 7.9, 12 ; Dn 12.2), est reprise dans l'*Évangile* de *Matthieu,* qui évoque *Jésus* séparant les hommes en fonction de l'amour manifesté à leurs semblables : placés à sa droite, les bons recevront en partage le *Royaume des cieux*, alors qu'à sa gauche, les méchants iront au châtiment éternel (Mt 24.30-31, 25.31-42).
À cette évocation, l'*Apocalypse* devait donner une forme par la rencontre de plusieurs images, celle du *Trône de Dieu* entouré des *Quatre Vivants*, celle du *Christ en majesté*, celle du *Souverain-Juge* (Ap 20.11-15).
C'est autour de cette figuration que se répartissent les autres éléments du programme : résurrection des morts, regroupement séparé des bons et des méchants, marche des premiers vers le *Paradis* et ses *anges*, et chute des seconds dans l'*Enfer* où les attendent les *démons*,

enfin, dans la **Deisis**, présence des deux grands intercesseurs que sont la *Vierge* et *saint Jean-Baptiste*.

PARADIS

n.m. : Le terme, initialement utilisé pour désigner le *Jardin d'Éden*, a ensuite été appliqué au séjour de lumière et de gloire, localisé par l'*Apocalypse* (Ap 4.1, 21.1-2) dans le « **ciel** », partie supérieure de l'Univers dans lequel *Dieu* et le *Christ* qui y résident avec les *ange*s, accordent aux *bienheureux* la récompense de leur vie juste.

JÉRUSALEM NOUVELLE (OU CÉLESTE)

La seule description du *Paradis* céleste qu'offre la *Bible* est de nature symbolique : une des dernières visions de l'*Apocalypse* présente l'exaltation de Jérusalem, la cité sainte des Juifs, sous la forme d'une Jérusalem Nouvelle, descendant du *ciel*, d'auprès de *Dieu*, dans tout son éclat, avec ses remparts et ses douze portes en matériaux précieux, pour devenir la demeure de *Dieu* avec les hommes (Ap. 21.2-3, 22.10-25).

De nature également symbolique mais bien plus abstraite, la représentation du *Paradis* comme le « **Sein** » d'**Abraham** est un simple développement d'une image de la *Parabole* du *Pauvre Lazare et du Mauvais Riche*, qui figure Lazare assis sur les genoux du *patriarche* (Lc 16.22).

ENFER

n.m. : Lieu de ténèbres, de souffrance et de châtiment, l'Enfer est seulement décrit par l'*Évangile* de *Matthieu* comme un feu éternel préparé pour le *Diable* et pour ses *ange*s déchus, et où sont envoyés les méchants (Mt 25.41). Cette indication très sommaire a été largement développée par des textes *apocryphe*s, dont les descriptions précises ont inspiré les artistes du Moyen Âge.

Ces représentations sont souvent complétées par des images plus

symboliques, comme la **Gueule du Léviathan**, un monstre inspiré par un passage du Livre de *Job* (Jb 41.11-13).
À l'inverse, les artistes ont inventé des supplices particulièrement réalistes, dont certains spécifiques des principaux *péchés* – Avarice, Orgueil, Luxure.

CHÂTIMENT DE L'AVARICE

L'Avare est représenté généralement assis, une grosse bourse suspendue à son cou, entre deux *démon*s qui le torturent.

CHÂTIMENT DE L'ORGUEIL

On interprète souvent comme un orgueilleux un personnage représenté assis entre deux *dragon*s – ou deux oiseaux monstrueux – qui l'immobilisent en étreignant ses genoux de leurs griffes et serrent sa tête dans leur gueule ou leur bec.

CHÂTIMENT DE LA LUXURE

Le châtiment de l'homme luxurieux est opéré par des *démon*s qui labourent à l'aide de crochets son ventre et ses organes génitaux. La femme luxurieuse est représentée nue, enlacée par des serpents dont les crocs mordent les parties de son corps qui ont péché – la bouche, les seins, le sexe.

PURGATOIRE

n.m. : Bien qu'il n'apparaisse pas dans la *Bible,* ce lieu de souffrance destiné à permettre aux âmes des justes d'expier leurs *péchés* avant d'accéder à la félicité éternelle, a pris une place croissante dans la pensée et dans l'art du Moyen Âge.

V. Personnages saints, illustres ou légentaires

Bienheureux(se), Saint(e) — *n.* et *adj.* : Les deux termes sont souvent utilisés indifféremment pour désigner des personnages dont l'*Église*, aujourd'hui au terme d'une double procédure, reconnaît qu'ils jouissent de la béatitude éternelle dans le *Paradis*.
Au sens strict, ils correspondent cependant à des degrés différents dans la reconnaissance de la sainteté, seul le second indiquant que le personnage est jugé digne d'un culte universel.
Chaque saint est vénéré par une fête particulière, ordinairement placée au jour l'anniversaire de sa mort ; l'ensemble des saints sont célébrés le 1er novembre par la fête de la **Toussaint.**

Martyr(e) — *n.m.* : Personne ayant « témoigné » de sa foi jusqu'à subir la mort pour la défendre.

Agathe — *n.pr.f.* : Jeune Sicilienne décidée à conserver sa foi *chrétienne* et sa virginité en dépit des efforts du préfet romain, Agathe subit de nombreuses humiliations et plusieurs supplices : après lui avoir arraché les seins, on la fit étendre sur des charbons ardents. Elle est fêtée le 5 février.

Alexandre Le Grand — Roi de Macédoine au IVe siècle av. J.-C. après avoir été l'élève du philosophe *Aristote*, Alexandre a conquis un immense empire s'étendant de l'Égypte et des pays du Moyen Orient jusqu'à l'Inde. Sa personnalité exceptionnelle a suscité des légendes exaltant sa sagesse et sa passion de la connaissance, et en particulier celle de ses voyages d'exploration dans les airs et sous la mer, tels que les a en particulier rapportés le *Roman d'Alexandre*.

Dans le premier de ces voyages, son *Ascension*, qui a été le plus fréquemment représentée à l'époque romane, Alexandre, voulant vérifier s'il était bien parvenu aux extrémités de la Terre, aurait fait construire une nacelle à laquelle il aurait attelé des *griffon*s – ou de simples oiseaux –, qui auraient emporté la nacelle et son passager en s'élançant pour atteindre des appâts brandis au-dessus d'eux. Mais un oiseau à forme humaine rencontré au cours du voyage l'ayant persuadé d'interrompre cette aventure, il se serait fait ramener au sol.

Le second voyage, effectué à l'aide d'une cloche de cristal, aurait permis au sage de descendre dans les abîmes de la Mer pour en percer les mystères.

ANDRÉ — *n.pr.m.* : Frère aîné de *saint Pierre,* André était comme lui un simple pêcheur de Galilée et, comme lui, il devint *Apôtre* de *Jésus*. Des traditions qui ne se fondent sur aucun texte lui attribuent diverses missions. Attaché sur une *croix* en X – dite de ce fait **Croix de Saint André** –, il y aurait agonisé durant deux jours. Il est fêté le 30 novembre.

NNE, MÈRE DE MARIE — Totalement absente des *Évangile*s *canonique*s, Anne n'est mentionnée que dans un texte *apocryphe*. Elle est généralement représentée en compagnie de *Marie* et souvent aussi de *Jésus*. Jadis très populaire, patronne de nombreux métiers, elle est fêtée le 26 juillet.

ARISTOTE — *n.pers.m.* : Ce philosophe grec du IVe siècle av. J.-C., qui, à travers l'œuvre du théologien Thomas d'Aquin, a marqué la pensée occidentale du XIIIe siècle à l'époque moderne, a été ridiculisé par la figuration d'un fabliau du XIVe, le *Lay d'Aristote* : cédant aux exigences d'une courtisane dont il convoitait les faveurs, le philosophe aurait accepté de la prendre à califourchon sur son dos, sous le regard moqueur d'un disciple.

BENOÎT DE NURSIE — Né vers 480 en Ombrie d'une famille noble, Benoît se retire vers 500 dans une grotte près de Subiaco. En 529, il fonde l'*abbaye* du Mont-Cassin, qu'il dote d'une Règle inspirée des ordonnances monastiques antérieures, mais caractérisée par un très grand équilibre et une grande humanité. Cette Règle régit l'Ordre bénédictin, mais elle a aussi plus ou moins directement inspiré tout le monachisme occidental. Jadis fêté le 21 mars, Benoît l'est aujourd'hui le 11 juillet.

BLAISE — *n.pr.m.* : La légende a attribué à cet *évêque* arménien du IVe siècle divers *miracles*, parmi lesquels la familiarité avec des bêtes féroces, et la guérison d'un enfant étouffé par une arête de poisson. Devenu l'un des *saint*s guérisseurs les plus populaires, il est fêté le 3 février.

CATHERINE D'ALEXANDRIE — *n.pr.f.* : Cette *sainte* entièrement légendaire aurait vécu à Alexandrie au IVe siècle ; après avoir réfuté les arguments de 50 philosophes envoyés pour la convaincre, elle aurait échappé au supplice de la lacération par une roue dentée qui se serait brisée miraculeusement, et elle aurait finalement été décapitée. Très populaire au Moyen Âge, elle était invoquée par Jeanne d'Arc. Sa fête, célébrée jadis le 25 novembre, est aujourd'hui supprimée.

CHRISTOPHE   *n.pr.m.* : Anciennement vénéré en Asie Mineure, ce *saint* a été entouré de nombreuses légendes : l'une d'entre elles rapporte que, s'étant engagé comme passeur pour faire traverser un fleuve dangereux, il eut un jour à porter sur ses épaules un enfant qui se révéla être *Jésus* lui-même, d'où son nom de *Christophoros*, « porteur du Christ ». Il est fêté le 25 juillet.

CONSTANTIN « LE GRAND »   Fils d'Hélène qui devait retrouver, vers 327, la *croix* du *Christ* sur le *Golgotha*, Constantin a été le premier Empereur romain *chrétien*.
Une première mesure de tolérance à l'égard des *chrétien*s par l'édit de Milan de 313 devait être suivie de plusieurs autres, beaucoup plus favorables (modifications de la législation et du calendrier, donations somptueuses, inscription du *chrisme* sur son étendard), et même d'interventions dans la vie propre de l'*Église*, dont la convocation de **concile**s – assemblées d'évêques – à Arles et à Nicée.
En dépit de certains aspects ambigus et parfois cruels de sa politique, il sera, après sa mort en 337, très tôt vénéré comme un saint en Orient. Egalement populaire en Occident, il y a été souvent représenté sous la forme d'un **cavalier.**

DOMINIQUE   *n.pr.m.* : Originaire de Castille, Dominique de Guzman (1170-1221) a lutté contre les Cathares et les Albigeois, avant de fonder en 1215 l'Ordre des Frères Prêcheurs, ou Dominicains. Il est fêté le 8 août.

ÉTIENNE   *n.pr.m.* : Nommé parmi les sept premiers *diacre*s chargés de libérer les *Apôtre*s de toutes les tâches matérielles, Étienne se signale très tôt par la force avec laquelle il proclame sa foi en *Jésus*. Lapidé en présence de *Saul*, le futur *Paul* (Ac 6-7), il est considéré comme le premier *martyr (protomartyr)*, et fêté le lendemain de la *Noël*, le 26 décembre.

Foy — *n.pr.f.* : Née à Agen au début du IVe siècle, elle y fut martyrisée à l'âge de 12 ans. Ses *reliques*, transférées au IXe siècle à Conques et placées dans une étonnante statue-*reliquaire*, la Majesté de *sainte* Foy, devaient y jouir d'une célébrité et d'une vénération exceptionnelles, qui se sont rapidement étendues à tout l'Occident.

François d'Assise — Né à Assise en 1182, François décide vers l'âge de 25 ans d'adopter une vie d'humilité et de pauvreté. Après avoir fondé en 1209 l'Ordre des Frères mineurs, plus tard nommés Franciscains, puis, avec Claire d'Assise, l'Ordre des Pauvres Dames – les Clarisses –, il part prêcher en terre d'Islam ; à son retour, la marque des plaies du *Christ* – les stigmates – s'étant imprimée sur son corps, il devint l'objet d'une grande vénération, au point d'être canonisé dès 1228, deux ans à peine après sa mort. Il est fêté le 4 octobre.

Gabriel — *n.pr.m.* : *Archange* jouant le rôle de Messager dans le récit évangélique de plusieurs événements importants de l'Enfance de *Jésus* : Promesse de la naissance de *Jean-Baptiste* (Lc 1.11-20), *Annonciation à Marie* (Lc 1.26-38).

Georges — *n.pr.m.* : Des nombreux récits merveilleux qui entendent rapporter les hauts faits de ce *saint* dont l'existence même est peu assurée, l'Occident a surtout retenu le combat avec un *dragon*, illustration de l'idéal chevaleresque et du combat contre les forces du mal. Sa fête est célébrée le 23 avril.

JACQUES LE MAJEUR Frère de *Jean l'Évangéliste*, et comme lui simple pêcheur, il a, comme lui aussi, été l'un des intimes de *Jésus*, admis à ce titre à assister à quelques événements exceptionnels de sa vie. Une légende célèbre en fera l'évangélisateur de l'Espagne et situera son tombeau en Galice, dans le site de Compostelle, qui deviendra le but du plus important des *pèlerinage*s d'Occident. *Saint* Jacques est fêté le 25 juillet.

Le *collège des Apôtres* a compté un autre **Jacques**, dit **le Mineur** : *Apôtre*, et peut-être cousin de *Jésus*, il deviendra le premier chef de l'*Église* de Jérusalem ; il est l'auteur d'une des *Épîtres canonique*s ; il est fêté avec un autre *Apôtre*, Philippe, le 3 mai.

JEAN-BAPTISTE *n.pr.m.* : Dernier des *prophète*s de l'*Ancien Testament* pour les *chrétien*s, Précurseur chargé de préparer les voies de *Jésus*, Jean le Baptiste a toujours occupé une place privilégiée dans la piété et l'art *chrétien*s. Tout jeune, il s'était retiré dans le désert de Judée pour y mener une vie ascétique et y prêcher la pénitence et la conversion signifiée par un *baptême* dans le Jourdain, auquel *Jésus* lui-même se prêtera (voir *Baptême de Jésus*). Emprisonné par le roi Hérode auquel il reprochait sa conduite, il sera décapité (**Décollation**) à la demande de **Salomé**, la fille de l'épouse d'Hérode, qui avait charmé le roi par ses danses (Mt 14.3-11 ; Mc 6.17-28 ; Lc 3.19-20, 9.9).

Ces données très simples et dont l'historicité peut être aisément admise ont été situées par l'*Évangéliste Luc* et surtout par les *Évangiles apocryphe*s dans un contexte merveilleux largement inspiré de récits de l'*Ancien Testament* : Annonce de la naissance de Jean à son père Zacharie par l'*archange Gabriel* et conception par Élisabeth jusque-là stérile (Lc 1.5-25) ; visite

Ci-contre :
*Moissac, cloître.
Damné en proie
aux dragons*

Page précédente :
*Hagetmau
(Landes), crypte
Saint-Girons.
Le Prince de
l'Enfer et deux
damnés.*

(*Visitation*) de la *Vierge Marie* à Élisabeth (Lc 1.39-56) ; Nativité de Jean suivie d'une proclamation prophétique de Zacharie (Lc 1.57-79). Tous ces événements ont fait l'objet d'innombrables représentations. Jean-Baptiste est fêté le 24 juin.

JEAN L'ÉVANGÉLISTE Jean, fils de Zébédée comme *Jacques* (le Majeur), apparaît dans l'*Évangile* qui porte son nom comme plus qu'un intime, un véritable ami de *Jésus*, qui, du haut de la *croix*, lui confia sa Mère. Selon la tradition, ayant miraculeusement échappé au supplice de l'huile bouillante, il aurait vécu jusqu'à un âge très avancé, et aurait rédigé, outre son *Évangile* et plusieurs *Épîtres*, le livre de l'*Apocalypse*. Symbolisé par l'*Aigle* dans le *Tétramorphe*, il est fêté le 27 décembre.

LAURENT *n.pr.m.* : Diacre romain d'origine aragonaise, Laurent était chargé de l'administration des finances de l'*Église* de Rome. Si le fait de son martyre en 258 est bien attesté, les modalités, et en particulier le supplice par le gril sur lequel il aurait été étendu, en sont plus douteuses. Il est fêté le 10 août.

LUC *n.pr.m.* : La tradition a donné au médecin compagnon de *Paul* un talent de peintre et l'a identifié à l'auteur du troisième *Évangile* et des **Actes des Apôtres**, une histoire des premiers temps de l'*Église* après la *Résurrection*. Il est symbolisé par le *Taureau* dans le *Tétramorph*e, et sa fête est célébrée le 18 octobre.

MARC *n.pr.m.* : Jean, qui avait pris le surnom romain de *Marcus*, passe pour avoir été le fidèle compagnon de *Pierre* dont il aurait recueilli les souvenirs et le témoignage dans son *Évangile*. La ville de Venise, qui avait reçu ses *reliques* au IVe siècle, a aussi adopté son symbole, le *Lion* du *Tétramorphe*. Il est fêté le 25 avril.

MARIE MADELEINE *n.pr.f.* : La tradition a attribué à cet unique personnage des événements, qui, dans les *Évangiles*, concernent plusieurs femmes de l'entourage de *Jésus* dont l'identité n'est pas parfaitement assurée : la pécheresse repentante qui a parfumé les pieds de *Jésus* (Lc 7.36-50) ; Marie de Béthanie, sœur de Lazare et de Marthe, que Jean identifie avec la précédente (Jn 11.1-2), ce que ne confirme pas *Luc* (Lc 10.38-42) ; Marie de Magdala, elle aussi pécheresse (Mc 16.9), mais qui, après avoir assisté à la *Crucifixion* et à la *mise au tombeau*, fut la première à voir *Jésus* ressuscité (Mt 27.56 ; Mc 15.40, 16.1-11 ; 23.55-24.10 ; Jn 19.25, 20.1-18).
Au XIe siècle, se développa en Occident une légende selon laquelle Marie, Marthe et Lazare seraient venus jusqu'en Provence : elle devait être à l'origine de nombreux lieux de culte dont les plus insignes ont été la Sainte Baume et Vézelay. Marie Madeleine est fêtée le 22 juillet.

MARTIN *n.pr.m.* : Originaire de Hongrie, Martin avait témoigné de sa charité dès 337 en donnant une partie de son manteau à un pauvre d'Amiens ; il ne devait pourtant se faire baptiser que vers 356. S'étant alors mis au service d'Hilaire, *évêque* de Poitiers, il fonda le monastère de Ligugé. Élu *évêque* de Tours en 370, il administra son diocèse jusqu'à sa mort, en 397, tout en résidant dans le monastère de Marmoutiers. Devenu l'un des saints les plus populaires de Gaule, il est encore vénéré dans plus de 500 communes, et plus de 4 000 *églises* françaises portent son nom. Sa fête est célébrée le 11 novembre.

MATTHIEU *n.pr.m.* : Matthieu, ou Lévi, exerçait les fonctions de percepteur de taxes et d'impôts à Capharnaüm, quand *Jésus* l'appela à devenir *Apôtre*. On lui attribue la rédaction d'un des *Évangiles*, et on le représente avec l'*ange* ou l'*homme ailé* qui constitue son symbole dans le *Tétramorphe*. Il est fêté le 21 septembre.

MICHEL *n.pr.m.* : Michel, auquel sont dédiés un grand nombre d'*église*s, chapelles et *autel*s, est de beaucoup le plus populaire des *archange*s : il joue en effet un rôle essentiel dans le *ciel* et sur la terre, non seulement en menant le combat contre les *anges* rebelles – les *démons* – et contre le *dragon* de l'*Apocalypse* (Ap 12.7-9), mais en conduisant les morts à leur séjour éternel et en pesant les âmes au jour du *Jugement dernier*, autant de fonctions fréquemment illustrées par l'art.

PAUL *n.pr.m.* : Né à Tarse, en Asie Mineure, juif orthodoxe par ses origines, grec par sa culture, citoyen romain, **Saul** - *Paulus* en latin - a persécuté les *chrétien*s jusqu'à sa conversion, survenue vers 35, à la suite d'une vision sur la route allant de Jérusalem à Damas. Après un temps de formation, il devint un missionnaire itinérant, fondant sans relâche de nouvelles communautés en Asie Mineure, en Grèce, à Rome, peut-être en Espagne, et les dirigeant ou les encourageant à distance par des lettres, ses **Épître**s, dont 14 nous ont été conservées. La force, mais aussi la richesse doctrinale de ces simples écrits de circonstance ont fait sans conteste de Paul la figure la plus marquante de l'histoire du christianisme après *Jésus*.
Martyrisé à Rome vers 64, il est associé à Pierre, dans le culte rendu dans cette ville, et par une fête commune, le 29 juin.

PIERRE   *n.pr.m.* : Simon était marié, et il exerçait avec son frère *André* le métier de pêcheur sur le lac de Génésareth, quand *Jésus* l'appela à être *Apôtre*, et changea son nom en celui de « Pierre », annonçant ainsi le rôle essentiel qu'il devait jouer dans la construction de l'*Église* à venir (Mt 16.17-19). Après avoir suivi son Maître durant toute sa vie publique avec une fougue parfois inconséquente, et l'avoir brièvement abandonné lors de la *Passion*, il exercera une autorité sur l'ensemble du **collège des Apôtres**, jusqu'à son martyre subi en 64 ou 67 à Rome, et au cours duquel, selon la tradition, il aurait été crucifié la tête en bas. Son autorité sur les autres *Apôtres* et donc sur l'ensemble de l'*Église*, symbolisée par une clé qu'il tient à la main, s'est transmise aux *pape*s, ses successeurs sur le siège épiscopal de Rome. Son triple **reniement** lors de la *Passion* est parfois évoqué par la représentation auprès de lui du **coq** dont le chant avait suivi sa faute (Mt 26.74-75 ; Mc 14.72 ; Lc 22.60-61 ; Jn 18.27). Il est fêté avec *Paul* le 29 juin.

RAPHAËL   *n.pr.m.* : *Archange* qui a joué auprès de *Tobie* et de son fils un rôle essentiel de guide (Tb 5.4 et suiv.) et de guérisseur (Tb 11.7-8), et qui à ce titre a été invoqué comme patron des médecins et protecteur des voyageurs.

SIMON LE MAGICIEN   Reconnaissant la supériorité des prodiges accomplis par *Pierre* et *Jean*, un magicien de Samarie, Simon, offrit d'acheter par de l'argent le pouvoir des *apôtre*s. Menacé par *Pierre*, il implora aussitôt sa protection contre la colère divine (Ac 8.9-24). Cet épisode a été développé par la légende, qui rapporte que Simon, voulant voler dans les airs avec l'aide de *Satan*, serait tombé et se serait fracassé le crâne.

Père de l'Église Théologien des premiers siècles de l'Église, dont les écrits font règle pour les *chrétien*s.

Pape *n.m.* : *Évêque* de Rome, et successeur de *Pierre* à cette fonction, le Pape est désigné du titre de Souverain Pontife en raison de l'autorité qui lui a progressivement été reconnue sur l'ensemble de l'*Église catholique* d'Occident. Ses **attributs** – ses emblèmes caractéristiques – sont un bâton pastoral en forme de *croix* à triple traverse, et la **tiare,** bonnet conique serti de trois couronnes superposées.

Évêque *n.m.* : Ordonné à l'épiscopat, qui est le degré le plus élevé du sacerdoce *chrétien*, l'évêque est chargé de la responsabilité d'un **diocèse**, circonscription de l'*Église* qui, en France, correspond généralement au territoire d'un département. Ses *attribut*s sont la **crosse**, un bâton recourbé à son extrémité supérieure, la **mitre,** une haute coiffure triangulaire, et un anneau.

Archevêque *n.m.* : *Évêque* placé à la tête d'une province ecclésiastique regroupant plusieurs *diocèse*s. Ses *attribut*s sont la *croix* à double traverse, et le **pallium**, bande de laine blanche frappée de *croix* noires qu'il porte sur les épaules par-dessus les vêtements liturgiques.

Prêtre *n.m.* : Ministre d'une religion. Chez les Hébreux, la caste des *prêtre*s avait à sa tête un **Grand-prêtre**. Dans l'*Église catholique*, le *prêtre*, qui appartient au deuxième degré des ministères ordonnés, a le pouvoir de célébrer la *messe* et de distribuer tous les *Sacrement*s à l'exception de l'*Ordre*. Il porte une étole retombant – et jadis croisée – sur la poitrine, et une *chasuble*.

Diacre	*n.m.* : Institués après la *Résurrection* par les *Apôtres* pour les assister dans les services matériels, la prédication, et plus tard pour les cérémonies de la *liturgie*, les diacres appartiennent au niveau inférieur de la hiérarchie *chrétienne*. Ils portent une *étole* en sautoir, et une **dalmatique**, tunique fendue sur les côtés.
Moine	*n.m.* : Religieux vivant en communauté à l'écart du monde, dans un **monastère**.
Ordre (religieux)	*n.m.* : Association de religieux ou de *monastère*s suivant la même règle de vie.
Abbé	n.m. : Supérieur d'un monastère d'hommes érigé en **abbaye**. Il est représenté vêtu d'une longue robe comme un moine, mais tenant à la main une *crosse* plus simple que celle de l'*évêque*.
Pèlerin	*n.m.* : Personne participant à un **pèlerinage**, qui est un voyage accompli par dévotion à destination d'un lieu saint. Le pèlerin de Compostelle, le plus célèbre *pèlerinage* de l'Occident, avait pour insignes une coquille, et parfois une gourde attachée à un long bâton, le « bourdon ».
Acrobate	*n.m.* ou *f.* : La représentation d'acrobates, mais aussi de **musicien**s et de **montreur**s **d'animaux** semble souvent destinée à évoquer les *péché*s commis au cours des fêtes et manifestations dans lesquelles intervenaient ces artistes.
Exhibitionniste	*n.m.* : Figures provocantes ou obscènes ornant le plus souvent des modillons (pièces horizontales soutenant une corniche au sommet d'un mur), pour évoquer divers *vice*s, dont la luxure.

CENTAURE *n.m.* ou **CENTAURESSE** *n.f.* : Personnage hybride composé d'un torse d'homme, plus rarement de femme, et de la croupe, des pattes et de la queue d'un cheval, le Centaure compte parmi les représentations du *Démon*, mais il figure également sous le nom de Sagittaire parmi les 12 Signes du *Zodiaque*.

SIBYLLE *n.f.* : Bien que ces prophétesses appartiennent à l'Antiquité païenne, les Sibylles ont été vénérées par le Moyen Âge presque à l'égal des *prophètes* de l'*Ancien Testament* : comme ces derniers pour les Juifs, elles auraient eu la mission d'annoncer aux païens la venue du *Christ*. Jusqu'au XIVe siècle, on n'en représente qu'une ou deux ; par la suite, leur nombre sera porté à dix ou douze.

SIRÈNE *n.f.* : Evoquées pour la première fois dans l'*Odyssée* où elles tentent de séduire **Ulysse**, les Sirènes sont le symbole de la tentation démoniaque, qui s'efforce d'attirer l'homme au mal par la séduction de sa beauté ou de son chant. Au Moyen Âge, la Sirène peut être représentée de deux manières très différentes, bien que comportant toujours une tête et un buste féminin souvent assez provocants: pour la Sirène-oiseau, le buste est associé à un corps d'oiseau avec ses ailes, ses pattes et sa queue ; pour la Sirène-poisson, la partie humaine comporte aussi des hanches de femme et la partie animale se réduit à une queue unique ou bifide.

SPHINX *n.m.* ou **SPHINGE** *n.f.* : Personnage mythique comportant un torse d'homme ou de femme associé à un corps d'animal – lion, taureau – doté ou non d'ailes, le Sphinx symbolise au Moyen Âge les forces du Mal, alors que dans l'Antiquité il évoquait une sagesse supérieure.

Ci-contre :
Escurès (Pyr.-Atl.), église.
Les évangélistes
Jean et Marc.

gneus chi cume il tribuche·

VI. ANIMAUX RÉELS OU MYTHIQUES

AGNEAU   *n.m.* : L'agneau sans tache que les Hébreux mangeaient le jour de la *Pâque* (Ex 12.1-14) est devenu pour les *chrétien*s une figure de *Jésus* : portant la *croix*, et parfois couché, il représente la mort du *Chris*t pour le salut du peuple ; serrant contre sa poitrine, de sa patte repliée, la *croix* ornée d'un oriflamme, il symbolise la *Résurrection*.

AIGLE   *n.m.* : L'aigle, roi des oiseaux, représenté de profil et plus souvent de face, ailes déployées, peut figurer le *Christ*, victorieux de la mort par sa *résurrection*. Il est par ailleurs associé à l'*évangéliste Jean* dans le *Tétramorphe*.

ÂNE

Page 30-31 :
Album
de Villard de
Honnecourt,
Fol. 3 v°.
L'Orgueil et
l'Humilité.

Page 32 :
Sendets
(Pyr.-Atl.),
église.
Saint Michel
et le Dragon

n.m. : Objet d'interprétations diverses et même opposées, l'âne a pu être présenté comme plus clairvoyant que son maître le devin **Balaam** (Nb 22.21-34), les *Évangiles apocryphe*s ont affirmé son rôle important au service de la Sainte Famille lors de la *Nativité* et de la *Fuite en Égypte*, il a porté *Jésus* lors de son *Entrée triomphale à Jérusalem* ; à l'inverse, il a été considéré comme le symbole de l'entêtement du peuple juif, comme l'image de la sottise prétentieuse de l'artiste maladroit (thème de l'**Âne musicien**), et plus tard enfin comme une évocation de la paresse.

ASPIC   *n.m.* : Représenté sous diverses formes – un *dragon*, une sorte de lion –, cet animal fabuleux qui éviterait la capture en collant son oreille contre terre et en bouchant l'autre de sa queue, symbolise la résistance à la tentation.

BASILIC   *n.m.* : Monstre hybride pourvu d'une tête et d'un poitrail de coq et d'une queue

— 33

de serpent, le basilic peut tuer d'un simple regard, et l'on ne peut s'en protéger que par un écran de cristal.

CERF   *n.m.* : Image de l'âme aspirant à recevoir la purification de l'eau du *baptême* ou à se désaltérer à la source de la vie divine (Ps 42.2-3).

COLOMBE   *n.f.* : L'apparition d'une colombe lors du *Baptême de Jésus* (Jn 1.32), mais également la blancheur et la douceur de cet oiseau consacré à Vénus dans la mythologie antique l'ont fait adopter par les *chrétiens* comme un symbole de l'*Esprit Saint,* puis comme l'image de l'âme *chrétienne* purifiée par la pénitence ou entrée dans la gloire. Elle a été représentée picorant une grappe, parfois sous un arbre, pour évoquer l'immortalité dans la symbolique païenne puis *chrétienne*, et plus tard l'*Eucharistie* pour les *chrétiens*.

DRAGON   *n.m.* : Serpent ailé dont l'haleine suffit à tuer, le *dragon* est l'incarnation du *Démon* ; empoisonné par *Daniel* à Babylone (Dn 14.23-27), vaincu par l'archange *Michel* dans l'*Apocalypse* (Ap 12.7-9), il réapparaîtra dans la légende de plusieurs *saints* comme symbole du Mal vaincu par eux.

GRIFFON   *n.m.* : Cet animal fabuleux, dont le corps de lion ailé est associé à une tête d'aigle, et qui figure parfois comme un gardien à l'entrée d'un lieu saint, apparaît dans les plus anciennes représentations de l'*Ascension d'Alexandre*.

LICORNE   *n.f.* : Animal fabuleux à corps de cheval, mais doté d'une longue corne rectiligne au milieu du front ; la légende lui attribuant un caractère très farouche qui ne pouvait être apprivoisé que par la présence d'une vierge, elle a été prise comme un symbole du *Christ*, et plus tard de la *Vierge*.

LION *n.m.* : Exemple typique de symbolisme ambivalent, le lion peut faire l'objet de deux interprétations opposées suivant que l'on considère que sa force est mise au service du bien ou du mal : dans le premier cas, il apparaît comme une image du *Christ* ressuscité, à la fois triomphant et miséricordieux, mais il peut figurer aussi comme un simple emblème de Force et de Vigilance à la porte des *église*s ; dans le second cas, il est pris comme un symbole du *Démon* et des forces du mal s'acharnant sur des damnés, ou, plus tard, comme une image de l'Orgueil.

PÉLICAN *n.m.* : La légende rapportant que cet oiseau aquatique s'ouvre la poitrine à coups de bec pour nourrir ses petits l'a fait prendre pour un symbole de *Jésus* donnant son sang sur la *croix* pour racheter l'humanité pécheresse.

POISSON *n.m.* : Devenu symbole de *Jésus* dans l'art *chrétien* primitif, en raison de son nom grec, ΙΧΘΥΣ (IKHTHUS, acrostiche de *Ièsous **K**hristos **Th**éou **U**ios **S**ôter*, « *Jésus Christ, Fils de Dieu*, Sauveur »), il peut évoquer au Moyen Âge le *Christ* de l'*Eucharistie*.

SERPENT *n.m.* : Le plus souvent interprété comme une image du *Démon,* en référence au récit du *Péché originel* (Gn 3.1-6, 14-15), le serpent peut plus rarement représenter le *Christ* élevé sur la *croix*, à l'image du serpent d'airain érigé par *Moïse* dans le désert pour sauver les Hébreux de la morsure des « serpents brûlants » (Nb 21.6-9 ; Jn 3.14).

SINGE *n.m.* : Figuré dans des attitudes ou des activités diverses, le singe a été utilisé, du fait de sa ressemblance avec l'homme, pour stigmatiser ou ridiculiser certains *vice*s – la vanité et la luxure – mais également certains excès ou même certains états, comme celui de guerrier.

VII. VIE DE L'ÉGLISE. CÉRÉMONIES, OBJETS ET SYMBOLES

ÉGLISE — *n.f.* : Le terme grec *Ecclèsia*, désignant l'Assemblée du peuple athénien, a été appliqué par les *chrétiens* à l'Assemblée liturgique des fidèles, puis à l'ensemble des *chrétiens* unis dans une même foi, enfin, aux édifices où ils se réunissent.

CHRÉTIEN(NE) — *n.* et *adj.* : Qui professe la foi en *Jésus-Christ*. « C'est à Antioche que, pour la première fois, le nom de "chrétiens" fut donné aux disciples » (Ac 11.26). Au cours des siècles, des divisions ont séparé les chrétiens en de nombreuses *Églises* aujourd'hui regroupées en trois familles principales : les **catholiques** – d'Occident ou d'Orient – qui reconnaissent l'autorité du *Pape* ; les **orthodoxes**, chrétiens d'Orient séparés de Rome depuis le XIᵉ siècle ; les **réformés** ou **protestants**, issus du mouvement de Réforme du XVIᵉ siècle et rejetant eux aussi l'autorité du *Pape*.

LITURGIE — *n.f.* : Ensemble des cérémonies du culte public et officiel d'une *Église*.

LIVRE LITURGIQUE — Livre contenant les prescriptions et les prières des cérémonies liturgiques : pour l'*Église catholique*, ce sont surtout le **Missel** et anciennement le **Sacramentaire** pour la célébration de la *messe*, le **Pontifical** pour les cérémonies propres aux *évêques*, le **Rituel**, recueil de règles et de prières pour l'administration des *sacrements*, le **Livre d'heures** ou son abrégé, le **Bréviaire**, réunissant les prières et les lectures des offices célébrés par les *moines*.

ANNÉE LITURGIQUE — Répartition sur douze mois et deux cycles principaux de l'histoire du salut apporté par

Jésus, de manière à en revivre chaque année les grandes étapes.

Le premier cycle, organisé autour de la fête de *Noël*, comporte un temps de préparation, le **Temps de l'Avent** – de l'Attente – (4 semaines de novembre et décembre), correspondant aux longs siècles, en particulier du temps de l'*Ancien Testament*, qui ont précédé la venue de *Jésus*, la *Nativité* (25 décembre) et les événements marquants de la vie de *Jésus* avant le début de son ministère – *Circoncision, Adoration des mages, Présentation au Temple, Baptême...*
Après un intervalle d'une durée variable, le second cycle, qui est celui de *Pâques*, s'ouvre par un temps de pénitence de 5 semaines – le **Carême** –, suivi de l'évocation des épisodes de la *Passion*, du dimanche de la *Résurrection*, du **Temps pascal**, qui rappelle les 40 jours de présence de *Jésus* ressuscité et qui s'achève par l'Ascension, et enfin la *Pentecôte*. Le reste de l'année évoque la vie de l'*Église* de sa fondation jusqu'à nos jours.

EUCHARISTIE *n.f.* : Le terme, qui signifie « action de grâces », désigne la célébration commémorant la *Cène* et le Sacrifice du *Christ* sur la *croix*. Les deux substances utilisées pour cette célébration, le pain et le vin, dans lesquelles la foi *chrétienne* reconnaît la présence du Corps et du Sang de *Jésus*, ont été respectivement évoquées au Moyen Âge par deux images symboliques, le **Moulin mystique** et le **Pressoir mystique**. Elles le seront plus tard par le **calice** (coupe pour le vin), l'**hostie** (mince rondelle de pain) et parfois la **patène** (petite assiette) sur laquelle est posée l'*hostie*, le **ciboire** (coupe couverte renfermant de petites *hosties*).

MESSE *n.f.* : Cérémonie principale du culte *catholique*, dans laquelle un ensemble de prières et de lectures de la *Bible* précèdent la célébration de l'*Eucharistie* et la **communion** – union au *Christ* de tous les participants par le partage du pain et du vin – qui la conclut.

SACREMENT *n.m.* : Signe sacré institué par *Jésus* pour réaliser ou vivifier la présence et l'action de *Dieu* dans les âmes. Les *catholique*s reconnaissent aujourd'hui sept sacrements : le **Baptême**, qui introduit dans l'*Église*, et la **Confirmation** qui affermit dans cet engagement, l'*Eucharistie*, la **Pénitence**, ou Sacrement de la réconciliation, pour le pardon des fautes, le **Sacrement des Malades**, anciennement appelé **Extrême-Onction**, l'**Ordre** instituant les *diacre*s, *prêtre*s et *évêque*s, le **Mariage** destiné à bénir l'union des époux.

DÉDICACE *n.f.* ou **CONSÉCRATION** *n.f.* : Cérémonie liturgique par laquelle on affecte au service de *Dieu* un édifice ou un objet, que l'on place sous l'invocation d'un **saint Patron**, un *saint* le plus souvent. L'anniversaire de cette cérémonie est célébré chaque année.

AUTEL *n.m.* : Dans les cultes anciens, table sur laquelle était placée la victime qui devait être offerte en sacrifice ; dans les *église*s *chrétienne*s, table, parfois en forme de tombeau de *martyr*, sur laquelle se célèbre l'*Eucharistie*.

CHRISME *n.m.* : Monogramme du *Christ*, formé des deux premières lettres grecques – X et P – de son nom, et souvent d'autres éléments, parmi lesquels surtout l'**Alpha** (A) et l'**Oméga** (Ω), première et dernière lettres de l'alphabet grec.

TÉTRAMORPHE *n.m.* : Ensemble des *Quatre Vivants*, animaux entourant le *Christ* en *gloire* dans la vision de l'*Apocalypse* (Ap 3.6-8), et symbolisant les quatre *Évangéliste*s sous l'aspect d'un *homme ailé* (*Matthieu*), d'un *lion* (*Marc*), d'un *taureau* (*Luc*), d'un *aigle* (*Jean*).

TRADITIO LEGIS Dans cette scène complexe destinée à exalter l'*Église* de Rome à travers ses deux figures emblématiques, le *Christ*, assis en majesté au centre, remet de la main droite à *Pierre* les **clés** symbole de son pouvoir sur l'*Église*, de sa main gauche à *Paul* un livre évoquant l'enseignement donné en particulier par les *Épître*s.

ÉGLISE ET SYNAGOGUE L'affrontement suscité au début de l'histoire du christianisme entre les tenants d'une tradition judaïque stricte et les partisans d'une liberté des païens convertis à l'égard de la *Loi* mosaïque a trouvé un écho au Moyen Âge dans l'opposition d'une double représentation féminine : l'aveuglement des Juifs a été symbolisé par une femme aux yeux bandés censée représenter la *Synagogue*, lieu de culte des Juifs, alors que l'*Église*, assemblée de tous les *chrétien*s, apparaissait triomphante dans l'éclat du *Christ* ressuscité.

REMISE D'UNE OFFRANDE Des œuvres de nature diverse représentent un personnage offrant à *Dieu* ou au *Christ* un objet réel – pièce d'orfèvrerie précieuse, œuvre d'art, – ou symbolique – maquette d'édifice, table d'*autel*... – rappelant le don qu'ils en ont fait.

PSYCHOMACHIE *n.f.* : Affrontement, et souvent combat dans d'âpres duels entre les **Vertu**s et les **Vice**s, dont le nombre et la nature varient selon les époques et les contextes, avant de se fixer vers la fin du Moyen Âge.

Ci-contre :
Jaca, Cathédrale. Balaam et son ânesse.

Page précédente :
Toulouse, Saint-Sernin. Saint Pierre.

Parmi les *Vertus*, dont chacune est symbolisée par une femme portant un *attribut* caractéristique, on distingue alors les *Vertus* théologales – Foi, Espérance, Charité – et les *Vertus* cardinales – Prudence, Justice, Force, Tempérance. Leur font pendant 7 *Vices*, symbolisés chacun par un animal, et désignés du nom de **Péchés capitaux** – Orgueil, Avarice, Luxure, Envie, Gourmandise, Colère, Paresse.

PÉCHÉ — *n.m.* : Acte par lequel on contrevient à la *Loi de Dieu*.

ŒUVRES DE MISÉRICORDE — Dans certaines compositions antithétiques inspirées du texte de l'*Évangile* de *Matthieu* sur le *Jugement dernier* (Mt 25.34-36), la représentation des *Péchés capitaux* est opposée à une évocation des Œuvres de Miséricorde, les bonnes actions énumérées par l'*évangéliste*, auxquelles s'en ajoutent parfois d'autres, parmi lesquelles le devoir d'ensevelir les morts.

GLOIRE — *n.f.* : Auréole en forme de cercle ou d'ovale, diversement traitée pour évoquer un halo lumineux autour du *Christ* « en gloire ».

MANDORLE — *n.f.* : Représentation de la *gloire* sous une forme évoquant sa matérialité.

NIMBE — *n.m.* : Cercle lumineux entourant la tête des représentations de *Dieu*, des *anges*, des *saints*. L'**Auréole** est la traduction picturale, colorée, du *nimbe*.

AUBE — *n.f.* : Longue tunique blanche (*alba*) utilisée pour les cérémonies liturgiques.

ÉTOLE — *n.f.* : Bande de tissu parfois élargie aux extrémités, que l'*évêque*, le *prêtre* ou le *diacre* portent sur les épaules pour certaines cérémonies liturgiques.

Chape *n.f.* : Grande cape sans manches, fermant sur le devant de l'encolure, utilisée pour des cérémonies liturgiques solennelles.

Chasuble *n.f.* : Sorte de manteau parfois réduit à deux pans couvrant respectivement la poitrine et le dos, que le *prêtre* revêt sur l'*aube* et l'*étole* pour célébrer la *messe*.

Croix *n.f.* : Objet, décor ou signe évoquant l'instrument de supplice fait d'un poteau barré d'une traverse sur lequel *Jésus* a été supplicié. On désigne traditionnellement du nom de **croix grecque** celle dont les quatre branches sont égales, du nom de **croix latine** celle dont la branche inférieure est plus longue et parfois la branche supérieure plus courte que les deux autres.

Certaines *croix* sont ornées des **Instruments de la Passion**, représentation schématique des divers objets utilisés pour le supplice de *Jésus* – fouet, *couronne d'épines*, marteau, clous, tige portant une éponge, lance –, ainsi que du soleil et de la lune.

L'importance essentielle de la croix dans la foi *chrétienne* explique l'adoption très précoce du **signe de la croix** tracé sur soi-même, sur d'autres personnes ou sur des choses, comme signe de reconnaissance ou comme geste de bénédiction.

Crucifix *n.m.* : La représentation de *Jésus* fixé sur la *croix* n'est pas antérieure au haut Moyen Âge. Assez longtemps en effet, les *croix* sont demeurées nues et ont été traitées dans des matières et avec des décors souvent très riches.

Dans les premières représentations figurées, le *Christ* apparaît vêtu et vivant, selon le type en particulier du *Volto Santo* de Lucca (le Saint Voult) ; il est ensuite représenté vêtu d'un simple pagne mais encore vivant, et ce n'est que plus tard qu'on le figurera mort, les yeux clos, puis blessé et ensanglanté d'une façon de plus en plus réaliste.

OSTENSOIR   *n.m.* : Pièce d'orfèvrerie de forme variée (architecture gothique, couronne de rayons, etc.) servant à exposer l'*hostie* à la vénération des fidèles.

RELIQUE   *n.f.* : Corps ou fragment de corps d'un personnage *saint*, en particulier d'un *martyr*, ou objet utilisé dans sa vie ou dans son supplice, dont la vénération est autorisée par l'*Église catholique*.

RELIQUAIRE   *n.m.* : Objet précieux de nature, de forme et de proportions diverses, destiné à conserver et à présenter des *relique*s. Les types les plus fréquents sont la **châsse**, un coffre souvent en forme d'*église*, la **croix-reliquaire**, ou des représentations de la partie du corps dont provient la *relique* conservée (**buste-reliquaire, chef [tête]-reliquaire, bras-reliquaire**, etc.)

ENCENSOIR   *n.m.* : Cassolette suspendue à des chaînes, dans laquelle on brûle de l'encens au cours des cérémonies liturgiques.

NOMBRE   *n.m.* : Comme dans l'Antiquité juive ou païenne, on a reconnu à toutes les époques de l'histoire du christianisme une valeur symbolique à certains nombres, qui se sont trouvés associés à la notion, puis à la représentation de certains personnages ou éléments essentiels : ainsi, *Un* symbolise *Dieu* et *Trois* la *Trinité*, *Deux* les Testaments, *Quatre* les grands prophètes, les *évangéliste*s, les points cardinaux, *Sept* est un nombre parfait, *Huit* le symbole du renouveau, comme *Douze* de la plénitude, et *Quarante* de l'attente et de l'épreuve...

ZODIAQUE *n.m.* : Zone de la sphère céleste dans laquelle se situe le mouvement apparent du Soleil, le Zodiaque a été divisé en douze parties auxquelles on a donné le nom des constellations les plus proches, figurées comme autant de *Signe*s dans une sorte de *bestiaire* astronomique : Bélier, Taureau, Gémeaux, Cancer, Lion, Vierge, Balance, Scorpion, Sagittaire, Capricorne, Verseau, Poissons.
Cette figuration, élaborée en Orient dès avant notre ère, mais dont l'Occident médiéval ne percevait plus toujours toute la valeur symbolique, a progressivement été complétée et partiellement remplacée par celle, plus concrète, des *Travaux des Mois*.

TRAVAUX DES MOIS Succession de représentations des activités correspondant aux diverses périodes de l'année dans les campagnes. Ces travaux peuvent varier selon les régions, mais ils se regroupent autour de quelques thèmes : le blé, avec les labours, les semailles, la moisson, le battage ; la vigne, avec la vendange, le foulage ; la chasse et la pêche ; l'élevage, avec la glandée et l'abattage du porc...

VIGNE *n.f.* : L'intérêt porté à la vigne dans la tradition biblique et *chrétienne* s'explique par les nombreuses images qui lui ont été successivement attachées : celle du peuple de *Dieu* dont elle est le symbole ; celle du cep qui diffuse la sève aux sarments comme *Jésus* aux *chrétien*s greffés sur lui ; celle du vin que l'on en tire, symbole de vie et d'immortalité, plus tard utilisé pour la célébration de l'*Eucharistie*.

INDEX ALPHABÉTIQUE

*La référence indiquée renvoie à la mention, notée en caractères gras, où le thème est expliqué dans la première brochure **(A)**, ou dans la seconde **(B)**. Les autres mentions sont notées en caractères italiques.*

Aaron, A 27.
Abbaye, B 27.
Abbé, B 27.
Abel, A 24.
Abraham, A 25.
Acrobate, B 27.
Acta sanctorum, A 22.
Actes des Apôtres, B 22.
Adonaï, A 6.
Adoration des bergers, A 43.
Adoration des mages, A 44.
Agathe, B 14.
Agneau, B 33.
Agonie de Jésus, A 50.
Aigle, B 33.
Alexandre le Grand, B 14.
Alliance, A 25.
Alpha, B 39.
Ancien Testament, A 17.
André, B 15.
Âne, B 33.
Âne musicien, B 33.
Ange, B 8.
Angélus, A 43.
Anne, la prophétesse, A 45.
Anne, le Grand-prêtre, A 50.
Anne, mère de Marie, B 15.
Année liturgique, B 37.
Annonce aux bergers, A 43.
Annonciation, A 43.
Apocalypse, A 22.
Apocryphe, A 22.
Apôtre, A 46.
Apparition de Mambré, A 25.
Arbre de Jessé, A 40.
Arbre de la connaissance du Bien et du Mal, A 23.
Archange, B 8.
Arche d'alliance, A 27.
Arche de Noé, A 25.
Archevêque, B 26.
Aristote, B 15.

Arrestation de Jésus, A 50.
Ascension d'Alexandre, B 15.
Ascension de Jésus, A 55.
Aspic, B 33.
Assomption de la Vierge, A 39.
Attribut, B 26.
Aube, B 43.
Auréole, B 43.
Autel, B 39.
Avent (Temps de l'), B 38.
Bain de l'Enfant-Jésus, A 44.
Bain de la Vierge, A 39.
Baiser de Judas, A 50.
Balaam, B 33.
Baleine, A 37.
Baptême, B 39.
Baptême de Jésus, A 45.
Basilic, B 33.
Béatitudes (Les), A 46.
Benoît de Nursie, B 16.
Bestiaire, A 22.
Bible, A 17.
Bienheureux(se), B 14.
Blaise, B 16.
Bon (Le) Pasteur, A 47.
Bon (Le) Samaritain, A 47.
Bras-reliquaire, B 45.
Brebis (La) égarée, A 47.
Bréviaire, B 37.
Buisson ardent, A 26.
Buste-reliquaire, B 45.
Caïn, A 24.
Caïphe, le Grand-prêtre, A 50.
Calice, B 38.
Calvaire, A 53.
Canon, A 22.
Canonique, A 21.
Carême, B 38.
Catherine d'Alexandrie, B 16.
Catholique, B 37.
Cavalier, B 17.
Cène, A 49.
Centaure, Centauresse, B 28.
Cerf, B 34.
Chandeleur, A 46.
Chape, B 44.
Châsse, B 45.
Chasuble, B 44.
Châtiment de l'Avarice, B 13.
Châtiment de l'Orgueil, B 13.

Châtiment de la Luxure, B 13.
Chef [tête]-reliquaire, B 45.
Chemin de la croix, A 53.
Chérubin, B 8.
Chrétien(ne), B 37.
Chrisme, B 39.
Christ, A 38.
Christ en majesté, B 7.
Christophe, B 17.
Chute des Idoles, A 45.
Chute originelle, A 23.
Ciboire, B 38.
Ciel, B 12.
Circoncision de Jésus, A 44.
Clés, B 42.
Collège des Apôtres, B 25.
Colombe, B 34.
Communion, B 39.
Concile, B 17.
Confirmation, B 39.
Consécration, B 39.
Constantin « le Grand » B 17.
Coq, B 25.
Couronne d'épines, A 53.
Couronnement de la Vierge au ciel, A 39.
Création d'Adam, A 23.
Création d'Ève, A 23.
Création du monde, A 23.
Crèche, A 43.
Croix, B 44.
Croix de Saint André, B 15.
Croix grecque, B 44.
Croix latine, B 44.
Croix-reliquaire, B 45.
Crosse, B 26.
Crucifix, B 44.
Crucifixion de Jésus, A 53.
Dalila, A 28.
Dalmatique, B 27.
Daniel, A 36.
David, A 28.
Décollation de Jean-Baptiste, B 21.
Découverte du Tombeau vide par les Saintes Femmes, A 55.
Dédicace, B 39.
Deisis, B 12.
Déluge, A 24.
Démon, B 11.
Descente de Jésus aux limbes, A 54.
Descente de la croix, A 54.

Diable, B 11.
Diacre, B 27.
Dieu, B 6.
Diocèse, B 26.
Disciples d'Emmaüs, A 55.
Dix (Les) Commandements, A 27.
Dominations, esprits célestes, B 8.
Dominique, B 17.
Don des Tables de la Loi au Sinaï, A 27.
Dormition de la Vierge, A 39.
Dragon, B 34.
Ecce Homo, A 53.
Écriture Sainte, A 17.
Église, B 37.
Église et Synagogue, B 40.
Élie, A 34.
Élohim, B 6.
Emmanuel, A 35.
Encensoir, B 45.
Enfer, B 12.
Enfers, A 54.
Enseignement de Jésus, A 46.
Entrée triomphale de Jésus à Jérusalem, A 49.
Épiphanie, A 44.
Épître, B 24.
Ésaïe, A 34.
Esprit Divin, A 43.
Esprit Saint, B 6.
Étienne, B 17.
Étole, B 43.
Eucharistie, B 38.
Évangéliste, A 22.
Évangile, A 21.
Évêque, B 26.
Exhibitionniste, B 27.
Extrême-Onction, B 39.
Ézéchiel, A 35.
Femme adultère, A 47.
Fiancée, A 40.
Fils, deuxième Personne de la Trinité, B 6.
Fils Prodigue, A 47.
Flagellation de Jésus, A 53.
Fleuves (Les Quatre) du Paradis terrestre, A 23.
Fosse aux lions de Babylone, A 36.
Fournaise de Babylone, A 36.
Foy, B 18.
François d'Assise, B 18.
Fuite en Égypte, A 45.
Gabriel, B 18.
Genèse, A 18.

Ci-contre :
*León,
Saint-Isidore.
Personnages
luttant contre
des serpents.*

Page suivante :
*Album de Villard
de Honnecourt,
fol. 24 v°.
Lion.*

Georges, B 18.
Gloire, B 43.
Golgotha, A 53.
Goliath, A 28.
Grand-prêtre, B 26.
Griffon, B 34.
Guérisons de Jésus, A 48.
Gueule du Léviathan, B 13.
Habaquq, A 36.
Hagiographique, A 22.
Hostie, B 38.
Immaculée Conception, A 39.
Instruments de la Passion, B 44.
Isaac, A 25.
Isaïe, A 34.
Ismaël, A 25.
Jacob, A 25.
Jacques le Majeur, B 21.
Jacques le Mineur, B 21.
Jardin d'Éden, A 23.
Jean l'Évangéliste, B 22.
Jean-Baptiste, B 21.
Jérémie, A 35.
Jérusalem Céleste, Jérusalem Nouvelle, B 12.
Jessé, A 40.
Jésus, A 38.
Jeudi-Saint, A 49.
Job, A 34.
Jonas, A 37.
Joseph de Nazareth, A 40.
Joseph, le patriarche, A 26.
Judas Iscariote, A 49.
Judith, A 34.
Jugement de Salomon, A 33.
Jugement dernier, B 11.
Laurent, B 22.
Lavement des pieds, A 50.
Lazare (Le pauvre), A 47.
Légende Dorée, A 22.
Licorne, B 34.
Limbes, A 54.
Lion, B 35.
Liturgie, B 37.
Livre d'heures, B 37.
Livre liturgique, B 37.
Loi, A 27.
Luc, B 22.
Madeleine, B 23.
Mage, A 44.
Magnificat, A 43.

Main divine, B 6.
Majestas Domini, B 7.
Mambré, A 26.
Mandorle, B 43.
Marc, B 22.
Mariage, B 39.
Mariage de la Vierge, A 39.
Marie Madeleine, B 23.
Marie, mère de Jésus, A 38.
Martin, B 23.
Martyr(e), B 14.
Massacre des Innocents, A 45.
Matthieu, B 24.
Mère de Dieu, A 38.
Messe, B 39.
Messie, A 38.
Michel, B 24.
Miracle du champ de blé, A 45.
Miracle du palmier, A 45.
Miracles de Jésus, A 48.
Mise au tombeau de Jésus, A 54.
Missel, B 37.
Mitre, B 26.
Moine, B 27.
Moïse, A 26.
Monastère, B 27.
Montreur d'animaux, B 27.
Mort et glorification de la Vierge Marie, A 56.
Moulin mystique, B 38.
Multiplications des pains et des poissons, A 48.
Musicien, B 27.
Nabuchodonosor, A 36.
Naissance de Marie, A 39.
Nativité de Jésus, A 43.
Nimbe, B 43.
Noces de Cana, A 48.
Noé, A 24.
Noël, A 44.
Nombre, B 45.
Notre-Dame, A 38.
Nouveau Testament, A 18.
Nouvelle alliance, A 50.
Nouvelle Ève, A 40.
Œuvres de Miséricorde, B 43.
Oméga, B 39.
Ordre (Sacrement de l'), B 39.
Ordre (religieux), B 27.
Orthodoxe, B 37.
Ostensoir, B 44.
Pallium, B 26.

Pantocrator, B 8.
Pape, B 26.
Pâque juive, A 26.
Pâques, A 54.
Parabole, A 47.
Paraclet, A 56.
Paradis, B 12.
Passage de la Mer Rouge par les Hébreux, A 27.
Passion de Jésus, A 48.
Patène, B 38.
Patriarche, A 24.
Patron (Saint), B 39.
Paul, B 24.
Pauvre (Le) Lazare et le Mauvais Riche, A 47.
Péché, B 43.
Pêche miraculeuse, A 48.
Péché originel, A 24.
Péchés capitaux, B 43.
Pèlerin, B 27.
Pèlerinage, B 27.
Pélican, B 35.
Pénitence, B 39.
Pentecôte, A 55.
Père, première Personne de la Trinité, B 6.
Père de l'Église, B 26.
Pharisien, A 46.
Phylactère, B 8.
Pierre, B 25.
Pietà, A 54.
Pilate, A 53.
Poisson, B 35.
Pontifical, B 37.
Portement de la croix, A 53.
Poursuite d'Hérode, A 45.
Présentation de Jésus au Temple, A 45.
Présentation de Marie au Temple, A 39.
Pressoir mystique, B 38.
Prêtre, B 26.
Principautés, esprits célestes, B 8.
Procès de Jésus, A 50.
Prophète, A 34.
Protestant, B 37.
Psychomachie, B 40.
Puissances, esprits célestes, B 8.
Purgatoire, B 13.
Purification de Marie, A 45.
Quatre (Les) fleuves du paradis terrestre, A 23.
Quatre (Les) Vivants, A 35.
Rameaux (Dimanche des), A 49.
Raphaël, B 25.

Réformé, B 37.
Reine de Saba, A 33.
Reliquaire, B 45.
Relique, B 45
Remise d'une offrande, B 40.
Reniement de Pierre, B 25.
Résurrection de Jésus, A 54.
Résurrection de Lazare, A 48.
Riche (Le mauvais), A 47.
Rituel, B 37.
Royaume de Dieu, A 38.
Royaume des cieux, A 38.
Sacramentaire, B 37.
Sacrement, B 39.
Sacrement des Malades, B 39.
Sacrifice d'Abraham, A 26.
Saint-Esprit, B 6.
Saint Patron, B 39.
Saint(e), B 14.
Sainte (La) Vierge, A 38.
Sainte Marie, A 56.
Salomé, B 21.
Salomon, A 33.
Samaritaine, A 47.
Samson, A 28.
Sarah, A 25.
Satan, B 11.
Saul, B 24.
Saül, A 28.
Seigneur, B 6.
Sein d'Abraham, B 12.
Semaine Sainte, A 49.
Séraphin, B 8.
Sermon sur la Montagne, A 46.
Serpent, B 35.
Sibylle, B 28.
Signe de la croix, B 44.
Simon de Cyrène, A 53.
Simon le Magicien, B 25.
Singe, B 36.
Sirène, B 28.
Sphinx, Sphinge, B 28.
Statue aux pieds d'argile, A 36.
Suzanne, A 36.
Syméon (Le vieillard), A 45.
Synoptique, A 21.
Tables (Les) de la Loi, A 27.
Tempête apaisée, A 48.
Temple de Jérusalem, A 33.
Temps pascal, B 38.

Tentation de Jésus au désert, A 46.
Terre Promise, A 28.
Tétramorphe, B 40.
Tiare, B 26.
Tobie, A 33.
Tour de Babel, A 25.
Toussaint, B 14.
Traditio Legis, B 40.
Transfiguration, A 48.
Travaux des mois, B 46.
Traversée du Désert par les Hébreux, A 27.
Triangle équilatéral, B 7.
Trinité, B 6.
Trône de Dieu, A 35.
Trônes, esprits célestes, B 8.
Ulysse, B 28.
Veau d'or, A 27.
Vertu, B 42.
Vertus, esprits célestes, B 8.
Vice, B 42.
Victoire de Daniel sur un dragon, A 36.
Vie publique de Jésus, A 46.
Vierge, A 38.
Vierge de Pitié, A 54.
Vierges (Les) Sages et les Vierges Folles, A 47.
Vigne, B 46.
Vingt-quatre (Les) Vieillards, B 7.
Visitation, A 43.
Vocation des Apôtres, A 46.
Yahvé, B 6.
Zodiaque, B 46.

Cette brochure est la douzième éditée par l'**Association des Amis des Églises anciennes du département des Landes (A.E.A.L.)**

Également parus :

– Sainte-Marie de Bostens, 1981.
– Suzan, les fontaines, le pèlerinage, la foire de la Saint-Michel, l'église Saint-Jean-Baptiste et ses peintures murales, 1982.
– Guide pour la visite de quelques églises anciennes du Gabardan, 1984.
– Aire-sur-l'Adour, l'église et l'abbaye du Mas, 1985.
– Guide pour la visite de quelques églises anciennes de Chalosse, 1987.
– Saint-Martin de Lévignacq en Born, 1988.
– Hagetmau, Crypte de Saint-Girons, 1990.
– Autels et décors, l'oeuvre des Mazzetty dans les églises landaises, 1992.
– Petit Glossaire pour la description des églises, 1995.
– Petit Glossaire des termes d'iconographie chrétienne, I, 1996.
– Sorde-l'Abbaye, 1995.
– Suzan. L'église Saint-Jean- Baptiste et ses peintures murales, 1998.
– Petit Guide de Recherche sur les églises des Landes, 2005.
– Le Vitrail dans les églises des Landes (1850-2010), I. Donateurs et Créateurs, 2012.

Pour participer à l'action de sauvegarde des églises anciennes des Landes entreprise par l'Association, vous pouvez vous adresser au siège social :

A.E.A.L.
Bibliothèque municipale
5, rue du Palais, 40100 Dax
Tél. : 05 58 56 19 27

ISBN : 978-2-9111-2503-7
Réimpression par Dax-Barrouillet Imprimerie
à Narrosse (40)
dépôt légal : avril 2013

Diffusion-distribution :
A.E.A.L.
5, rue du Palais, 40100 Dax